Relation d'un voyage du Pole Arctique au Pole Antarctique par le centre du monde

Anonymous

Alpha Editions

This edition published in 2022

ISBN : 9789356892897

Design and Setting By
Alpha Editions
www.alphaedis.com
Email - info@alphaedis.com

Contents

CHAPITRE I.

Départ de l'Auteur d'Amsterdam pour le Groenland, comment l'Auteur & ses Compagnons commencerent à s'appercevoir qu'ils approchoient de l'effroyable tournant d'eau qui est sous le Pole Arctique. Description du tournant.

Ayant toûjours eû dés ma jeunesse une trés-grande passion pour les Voyages, j'ai parcouru pour contenter ma curiosité, toutes les principales parties du vieux & du nouveau Monde, & à la fin de ma derniere course, je me trouvai dans la grande & fameuse Ville d'Amsterdam, où je fis connoissance avec trois ou quatre gros Négocians, qui me dirent qu'ils équipoient un Vaisseau pour l'envoyer dans le Groenland à la Pêche de la Baleine. A cette nouvelle, je sentis mon inclination naturelle se ranimer, & je conçûs d'abord le dessein de faire ce Voyage, n'ayant point encore vû les Climats glacez des Zones froides; je commençai donc d'acheter tout ce que je crûs nécessaire, & ayant mis en ordre tout mon petit équipage, je m'embarquai le troisiéme du mois de Mai de l'année mil sept cens quatorze; nous partîmes avec un Vent favorable, & eûmes un tems à souhait pendant quelques jours; mais le dixiéme vers le soir le Ciel s'obscurcit, & se couvrit en peu de tems de nuages noirs & épais, & les Vents se mirent à soufler avec une telle véhémence & impétuosité, que l'équipage fut alerte toute la nuit suivante, & cette tempête nous porta vers l'Oüest avec tant de rapidité, malgré toute nôtre manœuvre, que le matin environ à quatre heures nous nous trouvâmes à la vûë des Côtes de l'Isle d'Islande, dont nous n'étions éloignez que d'environ trois lieuës, le Vent pour lors étant tombé, un calme de douze heures lui succéda, aprés lequel nous reprîmes nôtre route avec un petit Vent Sud-Est, nous voguâmes assez heureusement jusqu'au quatorze que nous aperçûmes deux Vaisseaux qui nous parurent venir du Groenland, & prendre la route de Hollande, nous étions alors au soixante-huitiéme degré 17. minutes de latitude, mais nous les perdîmes bien-tôt de vûë car le tems se changea subitement, & nous vîmes se former du côté de l'Est un affreux Orage, qui s'aprochant de nous dans l'espace de quelques minutes, nous fûmes d'abord environnez d'un nombre infini d'éclairs qui furent suivis d'épouventables éclats de tonnerre & d'une pluye si grosse, si forte & si longue, que le Ciel sembloit menacer la terre d'un second déluge: l'obscurité étoit si grande que nous ne pouvions distinguer les objets de la Poupe à la Prouë; les vagues étoient si grosses, & les Vents s'entrechoquoient avec tant de furie, que notre Pilote, quoique très-experimenté, ne savoit presque plus quel parti prendre. Enfin, après avoir été long-tems à deux doigts de la mort, cette horrible tempête commença à se dissiper, le jour reparut & nous nous trouvâmes dans une grande Mer toute remplie de gros quartiers de glace, qui se roulans les uns sur les autres, nous firent craindre d'être renversez ou écrasez; il faisoit très froid, & nous ne voyions tout autour de nous aucune Isle ni Côtes; nous avions perdu notre route, & ayant pris hauteur, nous trouvâmes soixante & treize degrez vingt-deux minutes; un petit Vent Sud-Oüest nous poussoit toujours vers le Nord, & nous portâmes enfin à un endroit où la Mer nous sembla faire une petite pente, & où le fil de l'eau nous entraînoit quoi qu'assez lentement toujours du côté du Pole, alors un vieux Matelot nous conta qu'il avoit ouï dire autrefois à un fameux Pilote, qui avoit fort couru les Mers du Nord, qu'il y avoit sous le Pole Arctique un effroyable tournant d'eau, qui pouvoit avoir soixante & dix ou quatre-vingt lieuës de circonférence, qu'il estimoit être le plus dangereux écueil du monde, au milieu duquel il devoit y avoir un goufre épouventable & sans fonds, où toutes les eaux de ces Mers se précipitans, avoient communication par le centre de la terre, avec les Mers qui sont sous le Pole Antarctique, ce recit nous glaça d'effroi, & nous fit frissonner dans toutes les parties de nôtre corps, car nous voyions que le cours de l'eau nous amenoit, & qu'il nous étoit impossible de retrograder; sur cela nous tinmes conseil, & il fut conclu, que quoiqu'il n'y eût presqu'aucune apparence de salut pour nous, il falloit néanmoins prendre toutes les précautions imaginables, & boucher toutes les ouvertures du Vaisseau, pour fermer tout chemin à l'eau, ce que nous executâmes sur le champ avec un empressement & une diligence incroyable, après quoi nous montâmes tous sur le Pont, pour voir ensemble si nous ne pourrions pas trouver le moyen d'éviter l'affreux péril dont nous étions menacez; pour lors le Soleil ne se couchoit plus, & nous le voyions toûjours tourner au tour de nous sur les bords de l'Horizon, mais il étoit un peu pâle; nous aperçûmes vers l'Oüest une assez longue Côte, qui avoit trois Caps, dont celui du milieu s'avançoit beaucoup plus dans la Mer que les deux autres; on y voyoit plusieurs hautes Montagnes toutes couvertes de neige & de glace, & dont les entre-deux nous paroissoient tout en feu: de ce même côté, en tirant vers la droite, nous vîmes un gros amas de nuages, d'une couleur presque verte, mêlée d'un gris fort obscur, & dont une partie descendoit si bas qu'elle touchoit presque la Mer, il en sortit une infinité d'oiseaux dont le nombre, en volant vers nous, s'accrut si prodigieusement que tout l'air d'alentour en fut obscurci, une troupe se détacha du gros, & passant immédiatement sur nos têtes, ils entrérent en une telle furie les uns contre les autres, qu'ils se bequétérent cruellement, & de telle sorte que trois tombérent morts sur nôtre Pont, leur plumage étoit trés-noir, & leur bec rouge comme du sang, ils avoient depuis la tête jusqu'à l'extrêmité de la queuë une raye blanche comme de la neige, mais nous perdîmes bien-tôt tous ces oiseaux de vûë; on demandera peut-être comment ils peuvent traverser ces vastes Mers; mais il est à présumer, qu'ils se reposent de tems en tems sur ces grandes piéces de glace qu'on trouve en plusieurs endroits dans les Mers du Nord; cependant nous suivions toûjours malgré nous le penchant des eaux, jusqu'à ce qu'enfin notre Vaisseau fit tout d'un coup comme un demi tour à gauche, & alors nous voguâmes d'un mouvement circulaire, ce qui nous fit connoître que nous étions entrez dans le tournant; cette Mer tournoyante fourmille par tout d'un nombre innombrable de petits Poissons, à peu prés de la grosseur des Harangs, de la moitié du corps, à l'extremité de la queuë, ils sont d'une trés belle couleur d'or, & comme ils nâgent presque toûjours la tête en bas & à fleur d'eau; & le Soleil refléchissant sur toutes ces queuës qui sont toutes entieres hors de l'eau, ce tournant ressemble à un Ciel d'eau tout couvert d'un nombre infini d'étoiles d'or qui sont dans un perpetuel mouvement; un objet de cette nature, charmeroit sans doute des gens qui le pourroient contempler d'un œil tranquile; après avoir fait plusieurs tours, nous apperçûmes au milieu du tournant, une espéce d'isle flotante plus blanche que la neige, mais nôtre mouvement circulaire nous aprochant toujours du centre, nous reconnûmes que cette Isle prétenduë, n'étoit qu'une haute écume que les eaux en se précipitant & s'engouffrant dans cet abîme, formoient sur leur superficie; nous jugeâmes alors qu'il étoit tems de nous retirer au dedans du Vaisseau, ce que nous fimes à l'instant, en descendant tous à fonds de calle, pour y attendre ce que le Ciel ordonneroit de nous.

Chapitre II.

Comment leur Vaisseau fut engoufré au centre du tournant, comment ils se trouverent insensiblement sous le Pole Antarctique, & comment ils connurent qu'ils n'étoient plus sous le Ciel du Nord.

A peine avions-nous été renfermez dix ou douze minutes, que nous nous sentîmes enfoncer dans ce profond abîme avec une rapidité inconcevable, le siflement & le bourdonnement horrible que nous entendions sans cesse autour de nous, en portant dans nos ames la terreur & l'effroi, nous ôta peu à peu la connoissance, & nous jetta dans une espece d'évanoüissement qui nous mit hors d'état de nous appercevoir du tems que nous restâmes entre ces épouventables torrens qui roulent avec tant d'impetuosité sous ces affreux sous-terrains; mais enfin nous étant réveillez de cet assoupissement où nous étions plongez, & ne sachans pas bien encore si nous étions morts ou vivans, nous revinmes bien-tôt à nous, & prêtant l'oreille, nous n'entendîmes rien du tout, & il nous sembla à tous que notre Vaisseau étoit presque sans mouvement; notre Pilote le plus hardi de tous s'avantura de monter en haut, il ouvrit du côté de la Poupe, & monta sur le Pont, nous le suivîmes tous les uns aprés les autres, & nous nous vîmes avec la derniere surprise sur une Mer calme, & environnez d'un broüillard si épais qu'il nous étoit impossible de distinguer aucun objet tout autour de nous, le broüillard & la Mer étoient d'une même couleur, de sorte qu'il nous sembloit que nôtre Vaisseau étoit suspendu dans les airs, mais peu à peu l'air s'éclaircit & le jour étoit à peu prés comme il est l'Eté dans nos Climats, une petite demie heure aprés le Soleil couché, il est aisé de se figurer la joye dont nous fûmes tous pénétrez aprés nous être crus perdus sans ressource, de voir que nous pouvions encore esperer de retourner dans nôtre Patrie, cependant nous ne sçavions où nous étions, & nôtre Pilote ayant pris hauteur, nous trouvâmes soixante & onze degrez & huit minutes de latitude Meridionale, ce qui nous fit connoître que nous étions dans les mers du Sud, sous le Pole Antarctique, pour lors il ne faisoit pas le moindre Vent; nous nous occupâmes à remettre en état autant qu'il étoit possible tous nos cordages & nos Voiles, nous avions encore dans le Vaisseau des provisions pour quelque tems; au bout d'environ quatre ou cinq heures il se leva un petit Vent Nord-Ouest, mais si terriblement froid, que la Mer fut toute prise dans l'espace de quelque momens; je puis dire que je n'avois jamais senti un froid si pénétrant, & je doute que nous eussions pû y resister s'il eût continué long-tems, mais par bonheur il tomba tout d'un coup une petite pluye douce qui nous fit passer dans quelques minutes du plus rude Hyver au Printems. La sage Providence, pour suppléer au défaut du Soleil qui s'éloigne pour si long-tems de ces tristes Climats, tempere leur extrême froideur par des exhalaisons chaudes, qui conservent même assez avant dans l'Hyver les herbes, les plantes, & les arbustes qu'on y voit, nous portâmes avec toutes nos voiles vers une grande Côte que nous aperçûmes à l'Est, dans l'esperance de pouvoir mettre pied à terre quelque part, & nous vîmes à une de ses extrémitez qui s'avançoit vers le Pole Antarctique, une lumiére qui ressembloit assez à l'aurore, nous savions pourtant bien que ce n'étoit pas l'avant-couriére du Soleil, puis qu'il se devoit passer plusieurs mois, avant qu'il reparût dans ces Régions; nous ne pouvions plus faire de distinction entre le jour ni la nuit, le matin ni le soir, cependant le jour étoit assez grand pour nous empêcher de voir les étoiles, il s'éleve dans les airs des exhalaisons lumineuses pendant l'absence du Soleil, autrement les deux Zones froides, seroient alternativement pendant six mois, ensévelies dans une affreuse nuit, comme nous voguions doucement vers la Côte susdite, nous vîmes en quatre ou cinq endroits distans l'un de l'autre d'environ la portée d'un mousquet, de grosse écume boüillonnante qui s'élevant assez haut avec impétuosité formoit au dessus de la surface de la Mer, comme de petites colines, ces boüillons d'eau & d'écume avoient tant de force, que nôtre Vaisseau en passant au travers, en pensa être renversé. Nous ne pûmes jamais comprendre ce que ce pouvoit être, mais nous n'en vîmes plus depuis. Cependant, cette lumiere dont je viens de parler, ayant peu à peu dissipé les nuages qui nous la cachoient, elle s'éleva tout d'un coup, & brilla d'une telle sorte à nos yeux, qu'elle nous jetta tous dans l'admiration; c'étoit un météore merveilleux, qui formoit un ovale parfait d'un bleu trés-obscur & qui étoit tout parsemé d'étoiles: celle du milieu qui étoit la plus grande, paroissoit dominer sur toutes les autres, comme on le peut voir dans la figure A.

Cet admirable Phénomene augmenta le jour de moitié sur la Côte, tellement que nous pouvions voir plus distinctement tous les objets; aussi en étions-nous déjà fort prés, & y ayant enfin abordé, comme nous avions dessein d'y mettre pied à terre, nous jettâmes l'ancre.

CHAPITRE III.

Ils mettent pied à terre sur la Côte, & pénétrent dans le Pays environ une lieuë & demie. Description de la grande Isle flotante qui est sous le Pole Antarctique, & de la Montagne de glace qui est au millieu de figure Piramidale, & qui semble taillée à facettes; des méteores merveilleux qui paroissent de tems à autre autour de l'Isle flotante.

A l'endroit où nous mouillâmes, la Côte étoit toute bordée de grands roseaux, qui hors de l'eau paroissoient de la hauteur d'une pique, & du moins de la grosseur du bras, qui se terminoient en une pointe fort aiguë; ils avoient des nœuds d'espace en espace, & au dessous de ces nœuds pendoient de grandes feüilles jaunâtres larges d'un bon empan, & environ de la longueur d'une aune de Hollande. Nous mîmes la chaloupe en Mer pour aller à terre, & nous eûmes beaucoup de peine à passer au travers de ces roseaux, parce qu'ils étoient fort serrez & proches les uns des autres: nous prîmes toutes nos armes à feu, autant pour nous défendre des bêtes farouches, que pour tuer quelque gibier, s'il arrivoit que nous en rencontrassions; après avoir grimpé en haut, parce que le terrain étoit escarpé, nous trouvâmes une belle Plaine toute semée d'une herbe menuë & courte qui exhaloit une agréable odeur; elle étoit bornée de trois grandes chaînes de Montagnes qui s'étendoient à perte de vûë à droite & à gauche; ces Montagnes nous parûrent posées en Amphithéâtre; le second rang étant plus haut que le premier, & le troisiéme beaucoup plus haut que le second. Le premier rang, à sçavoir le plus proche de nous, n'étoit proprement que de grandes colines, toutes revêtues de mousse verte; les Montagnes du second, étoient toutes couvertes de neige, & celles du troisiéme, paroissoient dans le lointain d'un rouge enflammé, ce qui produisoit un des plus beaux aspects qu'on se puisse imaginer: Quand nous eûmes traversé la Plaine, & gagné le pied des colines, nous passâmes plus avant, & vîmes qu'elles formoient en cet endroit une grande enceinte ou enclos environ d'une bonne lieuë de diamétre; cette enceinte étoit toute pleine de grandes herbes si hautes, que les deux plus grands hommes de notre troupe y étans entrez, on leur voyoit à peine le sommet de la tête, nous remarquâmes que tout autour de l'enclos, il y avoit dans les colines de grands trous ou antres, que nous jugeâmes être la retraite de quelques bêtes farouches; & en effet, quelques momens aprés, nous vîmes sortir de ces grandes herbes, à deux cens pas de nous, trois Ours blancs d'une grosseur prodigieuse, qui sans se tourner ni de côté ni d'autre, entrerent dans l'antre qui étoit vis à vis d'eux, nous ne trouvâmes pas à propos aprés cela de rester dans un lieu qui nous sembloit si périlleux, nous en sortîmes sur le champ, & nous avançant toûjours vers les Montagnes, nous trouvâmes un petit Ruisseau d'eau douce trés-claire, sur les bords duquel nous vîmes se promener un grand nombre d'oiseaux à peu prés de la grosseur des Cailles;

ils étoient si peu farouches qu'ils se laissoient prendre à la main, nous en tuâmes quelques-uns, que nous envoyâmes à bord; en suivant ce Ruisseau il nous conduisit insensiblement entre deux Roches fort hautes & fort escarpées, & toutes couvertes de glace depuis le haut jusqu'au bas, nous y sentîmes d'abord avec la derniére surprise un froid extrême, & nous ne pouvions comprendre, comment en sortant d'un air fort doux & presque chaud, celui où nous venions d'entrer pouvoit être si rude, nous marchions pour lors sur une neige fort dure, & nôtre petit Ruisseau étoit entiérement gelé dans cet entre-deux, la montagne qui étoit à nôtre droite recevant sur sa surface glacée toute la lumiére du météore dont j'ai parlé, & la refléchissant sur la Montagne qui lui étoit opposée, elles brilloient toutes deux d'une telle maniére, que nos yeux en furent éblouïs, & que nous avions de la peine à voir ce qui étoit devant nous; si-tôt que nous fûmes sortis d'entre ces Montagnes, nous sentîmes un air doux & tempéré, & le Ruisseau couloit & serpentoit comme de l'autre côté; à deux cens pas de là nous le vîmes se perdre dans la terre, vis à vis d'une Roche qui avoit la figure d'une grosse Tour ronde, la Nature y avoit creusé une espece de Grote, qui avoit trois ouvertures du haut en bas, en forme d'Arcades, & au milieu en dedans on y voyoit un grand Bassin dans lequel nous remarquâmes que le Ruisseau se jettoit par un Canal sous-terrain, il y avoit dans cette Grotte, plusieurs niches, où nous trouvâmes des nids d'oiseaux, & dans quelques-uns des œufs d'un verd fort pâle, trois fois plus gros que nos œufs de Canne, le dessus de cette Roche étoit plat en forme de terrasse, & tout plein d'une herbe fort semblable à notre Pourpier, mais de beaucoup plus grande, les feüilles en étoient extrêmement larges & environ de l'épaisseur du petit doigt, & sa tige étoit si longue que plusieurs pendoient depuis le haut jusques en bas; aprés avoir admiré cet ouvrage de la Nature, nous ne jugeâmes pas à propos de pousser pour lors plus avant, & nous reprîmes la route de nôtre Vaisseau, mais non pas tout à fait par le même chemin, nous tirâmes un peu sur la gauche, & aprés avoir marché quelque peu de temps, nos oreilles furent subitement frapées de mugissemens & hurlemens horribles qui venoient du même côté où nous avions vû ces trois Ours blancs; tout l'air d'alentour en retentissoit d'une telle sorte, que nous jugeâmes qu'il falloit qu'il y eût dans cet endroit-là un très-grand nombre de ces animaux féroces: Nous arrivâmes insensiblement sur un terrain raboteux & pierreux qui nous conduisit vers un amas de grosses Roches fort près les unes des autres; elles avoient des veines rouges, vertes & bleuës à peu près comme le marbre, & comme nous y vîmes à droite & à gauche une espece de Marais, nous fûmes contraints de passer tout au travers; nous y trouvâmes diverses routes qui se croisoient les unes les autres comme dans un labyrinte, de sorte que nous nous y égarâmes quelque temps; mais enfin un des nôtres ayant trouvé l'issuë nous en sortîmes: à peine en étions-nous à quatre pas qu'une monstrueuse bête s'élança contre nous de derriere un petit Rocher; elle étoit de la figure & de la couleur d'un Crapaud, mais infiniment plus grosse; elle avoit sur la tête une grande crête d'un vilain bleu pâle, & dardoit de tems en tems de sa gueule une écume jaune & verte; elle se tourna du côté du Marais, & s'y jettant d'un seul saut, elle y plongea de sorte que nous ne la vîmes plus. Nous ne doutâmes pas que dans ce lieu il n'y en eût plusieurs de la même espece, & que ces bêtes ne fussent trés-venimeuses. Nous continuâmes de marcher avec beaucoup de peine dans ce chemin pierreux, jusqu'à la belle Plaine où nous avons mis pied à terre, & nous vinmes heureusement à bord, où nous cuisimes les oiseaux que nous avions pris: la chair en étoit fort dure, mais d'assez bon goût & approchant de celle de Canard. Nous formâmes le dessein de faire bien-tôt une seconde course & de prendre de ces oiseaux & de toutes les autres especes que nous pourrions trouver, afin d'épargner le reste de notre biscuit & de nos autres provisions qui se pouvoient garder. Nous vîmes alors avec chagrin s'évanouir le beau météore qui commença de paroître quand nous arrivâmes sur cette Côte, & nous eûmes ensuite une petite pluye mêlée de neige & de grosse grêle qui dura plus de quinze heures; nous mesurions alors notre tems avec un sablier que nous trouvâmes heureusement dans le Vaisseau; l'air devint si froid qu'il nous étoit impossible de rester seulement un demi quart d'heure sur le Pont; mais cette pluye ayant cessé, l'air se radoucit tellement, qu'il nous sembloit respirer un air d'Automne comme il est dans les Climats temperez, & un autre Phénomene se montra du côté de l'Ouest qui n'étoit pas à beaucoup prés si brillant que le premier, mais pourtant trés-beau, il formoit un zig-zag irregulier, & ressembloit trés-bien à une constellation. Il avoit dans la partie inferieure une espece de queue qui étoit fort large à l'extrêmité, comme on le peut voir dans la figure B.

Il faut remarquer, que depuis que nous étions à l'ancre, notre vûe avoit toûjours été bornée vers le Sud, c'est à dire, du côté du Pole Antarctique par de gros nuages fort épais, qui furent enfin dissipez par une de ces belles exhalaisons lumineuses si frequentes sous les Poles; de sorte que nous découvrîmes tout d'un coup une Isle qui nous parut floter sur la surface des eaux, & que nous vîmes en effet s'aprocher de nous environ jusqu'à une portée de canon: cette Isle étoit presque ronde, & n'étoit sans doute qu'un assemblage de ces grandes piéces de glace qu'on voit dans les Mers, qui s'étoient liées & congelées ensemble: il y avoit au milieu une grande montagne de glace qui s'élevoit fort haut en figure piramidale, & les piéces qui la formoient étoient par un surprenant artifice disposées de maniere qu'elle paroissoit toute taillée à facettes comme un diamant, avec cette difference, que les facettes étoient proportionnées à sa grandeur. L'Isle étoit toute couverte de neige, & on voyoit sur ses bords de distance en distance comme de petits arbres de glace, qui jettoient des rameaux chargez de floquets de neige qui leur tenoient lieu de feüilles & de fruits; mais sur la montagne il n'y avoit pas la moindre neige, toutes ses glaces étoient claires & transparentes comme le cristal. Nous considerâmes toutes ces choses assez long-temps, & ensuite nous nous allâmes reposer: après que nous eûmes dormi quelques heures, en voulant monter sur le Pont nous fûmes tout épouvantez de voir l'air tout enflammé, mais ayant jetté la vûë du côté de l'Isle, nous connûmes que cette grande illumination procédoit de six météores merveilleux, qui pendoient dans les airs, dans une distance à peu prés égale, tout autour de la Montagne, comme autant de grands & magnifiques lustres: ils étoient tous de la même figure & étoient composez chacun de quatre gros globes de feu; celui d'en-bas étoit le plus gros; le second, le troisiéme & le quatriéme alloient en diminuant comme on le voit dans la figure C.

Tous ces globes lumineux étant multipliez à l'infini dans les facettes de la montagne, la faisoient paroître toute de feu: tous ces grands & surprenans objets faisoient ensemble un effet, dont les yeux étoient ravis & enchantez, & de telle sorte, que frapez d'admiration & d'étonnement, nous restâmes quelques momens immobiles comme des statues. Comme nous étions encore attentifs à les contempler, nous aperçûmes fort haut dans les airs trois grands Oiseaux qui fondirent tout d'un coup vis à vis de nous sur la Côte; leur plumage étoit un mêlange de gris & de brun sur leur tête, ils avoient une grande aigrette de trois plumes blanches comme neige, dont les extrêmitez étoient d'un trés-bel incarnat, & leurs queuës étoient plus longues que tout leur corps, & sembloient un éventail à demi ouvert; ils étoient plus grands & plus gros que des Aigles, & aprés qu'ils eurent bequeté & fouillé l'herbe quelque temps, ils s'envolerent tous trois rapidement vers la montagne de glace, & ayant long-tems voltigé tout autour, ils monterent sur son sommet, & nous ne les vîmes plus. Nous jugeâmes que peut-être ils y avoient leurs nids, c'étoient de trés beaux Oiseaux.

CHAPITRE IV.

Du merveilleux Lac dont les eaux sont presque toûjours chaudes, & de ses cinq admirables Cascades. Description de la Vallée des Roses blanches, où l'on voit un Monument très-remarquable, une Fontaine rare & singuliere, & quelques arbustes très-beaux & agréables à la vûe.

Comme nous étions dans un plein repos, nous fûmes réveillez par un Vent impétueux, qui donnoit de telles secousses à notre Vaisseau, que de crainte que notre cable ne se rompît, nous nous levâmes tous au plûtôt; mais nous ne vîmes plus l'Isle flotante, ni les beaux Phénomenes qui étoient tout autour. La Mer étoit fort grosse, & toute pleine de grosses piéces de glaces qui s'amoncelant les unes sur les autres, formoient par-ci & par-là de petites montagnes flotantes; Lorsque le temps fut plus beau, ce qui ne tarda guéres à arriver. Nous résolûmes de faire, comme nous avions projetté, une seconde course dans le Pays; ayant laissé à bord deux ou trois des nôtres, nous prîmes toutes nos armes, & enfilâmes un autre chemin que la premiere fois. Il faut remarquer que cette Côte est fort montagneuse, mais on y trouve quelques petites Plaines & des Valées. D'abord nous marchâmes entre des roches seiches & arides, où il n'y avoit ni herbe ni mousse, & on y trouvoit des précipices affreux, au bas desquels rouloient de gros torrens avec un bruit épouventable; nous étions contraints de passer dans de petits sentiers trés étroits & trés dangereux; mais enfin, nous sortîmes heureusement de cet endroit où nous nous étions insensiblement engagez, & nous montâmes sur une haute montagne d'où nous pouvions jetter la vûe de toutes parts; nous y vîmes l'Eté & l'Hyver tout à la fois, car d'un côté il y avoit des Plaines où tout étoit gelé & couvert de neige, & de l'autre des Valées où regnoit par-tout une riante verdure; l'air y étoit si clair & si lumineux, que sans le secours du Soleil nous y pouvions aisément distinguer les plus petits objets. Nous y descendîmes, & trouvâmes tous ces lieux tapissez d'une herbe courte & menuë; on y voyoit par-ci par-là des plantes qui jettoient de longues feüilles & serrées: nous en arrachâmes quelques-unes, dont la racine étoit ronde & plate, à peu prés grosse comme le poing, & couverte d'une peau noire fort mince; la chair étoit d'un blanc rougeâtre & d'un goût approchant de celui de l'amande. Nous en trouvâmes beaucoup depuis sur la Côte, aux environs de l'endroit où nous avions jetté l'ancre, que nous mangions au lieu de pain; ce lieu nous parut si agréable que nous nous y reposâmes quelque tems, de là nous entrâmes entre deux longues chaînes de montagnes, couvertes de mousse depuis le pied jusqu'au sommet, & d'où distilloit une espece de Gomme odoriférante. Cette double chaîne n'étoit pas droite, & faisoit un grand coude qui nous bornoit entierement la vûe; mais quand nous fûmes au bout nous découvrîmes tout d'un coup un Lac dont l'eau étoit verdâtre & presque chaude; il exhaloit sur toute sa surface une infinité de petites vapeurs noires; nous crûmes & avec raison, que cette chaleur & ces vapeurs procedoient de matieres sulphurées & bitumineuses, qui devoient être dans le fonds; il n'y avoit pas la moindre petite herbe sur ses bords. Aprés les avoir côtoyez quelque tems, nous entendîmes un certain bruit & murmure qui s'augmentoit à mesure que nous avancions, & enfin nous remarquâmes que l'extrêmité du Lac étoit toute bordée de petites Roches, entre lesquelles l'eau s'écoulant dans un bas, causoit le bruit que nous entendions. Nous doublâmes donc le pas, & fûmes bien surpris de voir cinq belles Cascades, dont celle du milieu étoit la plus grande; elle formoit trois grandes nappes d'eau, qui tomboient les unes sur les autres, sur trois degrez en distances à peu prés égales, & l'eau de toutes ces Cascades se réunissant un peu plus bas, tomboit sur un grand Rocher presque plat, & de là se précipitant, s'alloit perdre entre des Rochers qui étoient au dessous. Il faloit de necessité que puis que ce Lac restoit toûjours également plein, quoique ses eaux s'écoulassent incessamment de ce côté-là avec tant d'abondance, il y eût des canaux sous-terrains qui lui en fournissent toûjours de nouvelles. Comme nous raisonnions là dessus, il parut tout d'un coup sur une grande coline qui étoit vis à vis de nous, une grande troupe de gros & puissans Ours blancs comme neige. Nous remarquâmes qu'il y en avoit deux ou trois qui étoient tachetez de noir par tout le corps; un d'entre eux descendit la Coline, & ayant passé un petit Ruisseau qui étoit au bas, il se glissa entre deux rochers. A peine y fut-il, qu'il se mit à faire un certain cri, comme s'il eût appellé les autres, & effectivement ils se mirent tous à le suivre, en se pressant & se précipitant. Nous ne les eûmes pas plûtôt perdus de vûë, que nous vîmes partir du milieu de ces mêmes roches plusieurs Oiseaux, qui furent bien-tôt suivis d'un plus grand nombre, qui prirent tous leur vol vers de hautes montagnes couvertes de neige, qui étoient sur notre droite; ces oiseaux avoient aparemment leurs nids dans les fentes & les crevasses qu'on y voyoit, mais elles étoient dans des lieux si escarpez & si hauts, qu'il étoit impossible d'y parvenir: En nous éloignant de ces cinq admirables Cascades, nous descendîmes avec beaucoup de difficulté par une montagne dont la pente étoit trés roide, dans une Plaine longue & étroite, percée presque par tout de petits trous qui alloient en tournant assez profondement en terre; il falloit qu'il y eût dans ce lieu une infinité d'animaux d'une espece, qui sans doute nous étoit inconnue, mais nous n'en vîmes pas paroître un seul; en marchant entre ces trous, on entendoit un certain son, comme s'il y eût eu dessous des caves ou des voûtes. Etant au bout de cette Plaine, nous entrâmes comme dans un grand Carrefour, où il y avoit cinq routes différentes disposées en étoile. Nous balançâmes quelque temps sur le choix de celle que nous devions prendre. Il y en avoit une entre des montagnes d'une hauteur si prodigieuse, qu'on en étoit presque épouvanté; on y entroit par dessous un large & haut portail, dont la structure n'étoit qu'une grande piéce de Roche, qui s'étant détachée par en haut d'un des côtez, étoit tombée en travers sur l'autre, & y étoit demeurée suspendue peut-être depuis un trés long-tems. Cette route étoit fort sablonneuse, on y enfonçoit jusqu'au dessus de la cheville du pied. Nous en enfilâmes une autre beaucoup plus commode, les montagnes qui la bordoient étoient une Roche presque noire avec de grandes veines blanches & luisantes, à peu prés comme de l'alun; nous y trouvâmes par tout une trés grande quantité d'une espece de Lézards; ils étoient si familiers qu'ils nous passoient à tous momens entre les jambes & sur les pieds: ils avoient la tête parfaitement noire, le corps rougeâtre, & la queuë extraordinairement longue. Plus nous avancions dans ce chemin, & plus il s'élargissoit: il nous conduisit enfin dans une trés belle & trés spacieuse Valée, où nous respirâmes un air de Printems; elle étoit toute couverte d'une plante assez semblable à celle de la violette: on voyoit sur la plûpart, au milieu de la tige, une fleur blanche de la grandeur d'un Ducaton: cette fleur avoit huit feuilles toutes dentelées, les quatre plus grandes dessous, & les quatre plus petites dessus: le milieu étoit garni de petits grains fort rouges: cette fleur ne ressembloit pas mal à une Rose simple, & avoit une odeur fort douce: l'émail de ces fleurs avec le verd de leurs tiges faisoient ensemble un effet charmant dans toute l'étenduë de cette Valée: un petit Ruisseau d'une eau trés claire serpentoit vers le milieu: nous apperçûmes à l'extrêmité d'un enfoncement quelque chose de blanc à travers de grandes herbes; nous en étant aprochez nous y vîmes avec la derniere surprise, un petit Edifice [Note de bas de page: Voyez la figure D.] d'une singuliere structure;

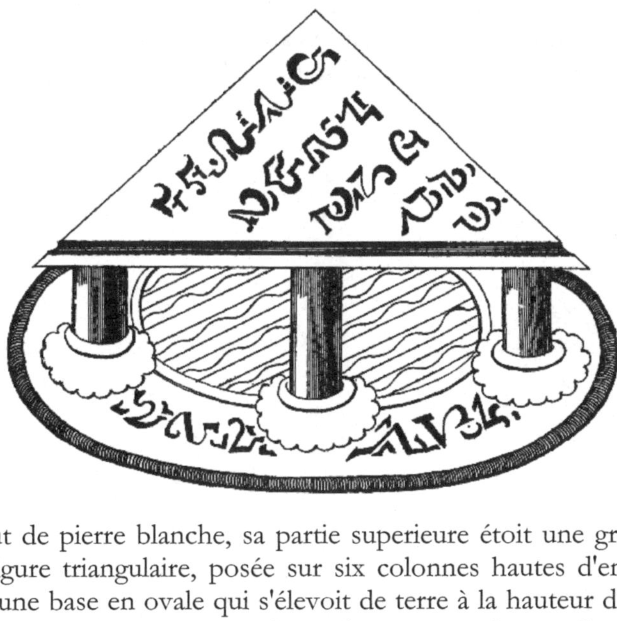

il étoit tout de pierre blanche, sa partie superieure étoit une grande pierre plate de figure triangulaire, posée sur six colonnes hautes d'environ trois pieds, sur une base en ovale qui s'élevoit de terre à la hauteur de quatre ou cinq pouces, sur la pierre à trois angles on voyoit une Inscription de caractéres bizares, qui n'étoient connus d'aucun de nôtre troupe, & en bas sur la circonference de la baze paroissoient encore d'espace en espace les mêmes caractéres, mais presque effacez; ce Monument fit naître entre nous une infinité de raisonnemens, car nous voyions trés-bien que ce n'étoit pas là un Ouvrage du hazard, mais j'en laisse la décision à de plus habiles gens que moi. Etant sortis de ce lieu nous marchâmes droit au Ruisseau dont je viens de parler, & nous le suivîmes en remontant vers sa source: il sortoit d'une trés belle Fontaine qui étoit dans une Grote creusée par la nature dans une des montagnes de la Vallée. J'y entrai d'abord, elle étoit revêtue d'une trés belle mousse verte depuis le haut jusqu'en bas, & dans le fonds, à la hauteur d'un homme, on y voyoit trois conduits sur une même ligne, & à distances égales: l'eau en coulant hors de ces conduits faisoit un agréable petit murmure qui approchoit du gazoüillement des oiseaux, & tomboit dans une espece de Bassin, qui en étant fort rempli, elle s'épanchoit par dessus tous ses bords, & se réunissant par devant dans une grande crevasse qui étoit dans un Rocher immédiatement au dessous, elle s'écouloit en bas; ce Bassin étoit profond environ d'un pied: il y avoit au fonds plusieurs petites pierres rouges & plates de différentes figures, savoir de quarrées, de rondes, de triangulaires, & en forme de cœur, voulant en prendre quelques unes, je pûs à peine souffrir la froideur excessive de l'eau, tout joignant la Fontaine & au dedans de la Grote, il y avoit un trou rond & fort profond, large d'un bon empan, qui exhaloit une vapeur si chaude, que je me pensai brûler le visage, m'étant par hazard placé tout vis à vis, ce ne fut pas sans un extrême étonnement que je vis sortir presque d'un même endroit le froid & le chaud tout ensemble. Il y avoit dans plusieurs endroits de cette Valée, divers arbustes très-beaux & trés singuliers, & un entr'autres dont j'ai donné la figure à la lettre E.

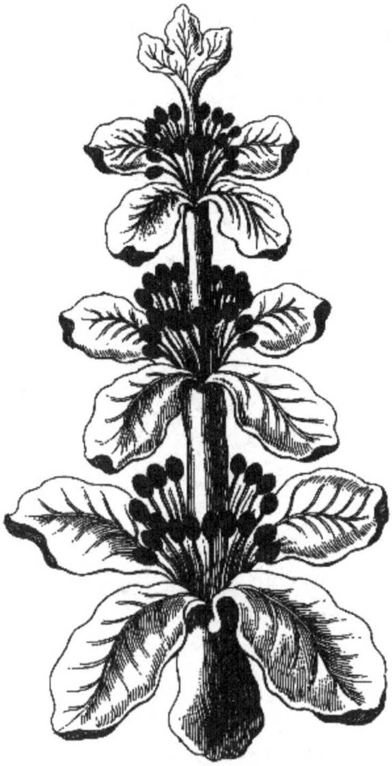

Il jette ses feuilles à trois étages assez distans l'un de l'autre: elles sont toutes couvertes d'une espece de duvet, qui les rend au toucher douces comme du velours, & bordées tout autour du plus beau jaune du monde. Au dessus des feuilles, & précisément à l'endroit où elles sont attachées au tronc, on voit sortir de chacune au bout d'une fort longue queue, de petites graines rouges de la grosseur des pois qui forment un cercle parfait; & à la cime ils portent un bouquet de ces mêmes graines, fort pressé & serré, qui a presque la figure d'une petite Pomme de Pin.

CHAPITRE V.

De quelques Poissons monstrueux qu'on voit dans ces Mers: accident tragique & lamentable arrivé à deux Matelots de l'équipage; des sept Isles inaccessibles, & de ce que l'Auteur y vit avec de grandes Lunettes d'approche.

Nous ne vîmes rien digne de remarque dans la route que nous prîmes pour revenir à bord: nous trouvâmes entre les Rochers une grande quantité d'oiseaux, qui se laissoient presque prendre à la main, dont nous emportâmes autant qu'il nous fut possible. Comme la Côte où nous étions à l'ancre étoit fort exposée à de grandes tempêtes & à des Vents trés impétueux, nous craignîmes qu'en y restant plus long-tems, nous ne fussions à quelque heure brisez contre les Rochers: Nous résolûmes, animez du désir de faire quelque découverte, d'en partir au plutôt; nous fimes une grande provision des racines dont j'ai déjà parlé, y en ayant dans cet endroit une prodigieuse quantité, & ayant levé l'ancre, avec un petit Vent Sud-Est, nous portâmes vers l'Oüest, parce que lorsque l'air étoit clair & serain, nous avions toûjours cru voir quelques terres de ce côté-là. Aprés avoir navigué assez heureusement prés de vingt-quatre heures, nous nous trouvâmes entre plusieurs Ecueils trés-dangereux; c'étoit plusieurs Rochers à fleur d'eau, mais comme le Vent étoit presque tombé, & que nous voguions fort lentement, nous les évitâmes sans beaucoup de difficulté. Il y avoit une Roche qui s'élevoit au dessus de l'eau à la hauteur d'environ quatre pieds, sur la pointe de laquelle nous vîmes un gros Oiseau à plumage noir assez semblable à une Cigogne; il s'y tenoit perché droit sur une jambe, faisant la rouë de sa queuë comme un Paon; il y paroissoit immobile comme une statue sur son piédestal: nous lui tirâmes plusieurs coups sans le toucher, qui ne lui firent pas faire le moindre mouvement. Il falloit que cet Oiseau eût été porté là par les glaces, & qu'il en attendît quelques autres au passage pour s'en retourner. Quelque tems aprés le Vent étant tombé tout à fait, nous nous vîmes environnez d'un brouillard si épais qu'il faisoit tout à fait nuit, ce qui nous obligea de jetter l'ancre; ce brouillard étoit presque chaud. J'avois autrefois toûjours crû que ces Climats étoient inhabitables à cause de la grande rigueur du froid, mais quoi qu'il s'y fasse sentir excessivement, il y a de si fréquens intervales où l'air se radoucit, qu'il est par tout fort supportable. Nous restâmes dans l'obscurité plus de douze heures, aprés quoy le temps s'éclaircit. Le même Vent se remit à souffler, & nous portâmes vers l'Oüest comme auparavant: nous trouvâmes que nous étions alors à soixante & sept degrez six minutes de Latitude méridionale. Il y avoit à cette hauteur un grand nombre de gros Poissons volans à quatre aîles; les deux qui étoient vers la tête étoient trés grandes & semblables à des aîles de chauves-souris; & les deux qui étoient vers la queue paroissoient deux fois plus petites. Trois de ces Poissons vinrent autour de notre Vaisseau en voltigeant & plongeant sans cesse: Ils excédoient de beaucoup la grosseur & la longueur des plus puissans Bœufs, & nonobstant ils s'élevoient fort haut & restoient souvent en l'air une grosse minute avant que de plonger. Ils sont très goulus & voraces; en volant ils ont toûjours une grande gueule ouverte, où l'on voit deux rangs de dents courtes, mais fort aigues: deux de nos Matelots étoient assis l'un prés de l'autre sur le Pont du côté de la Poupe, quand un de ces trois Monstres, s'élançant tout d'un coup fort haut, les saisit tous deux par derriere, & les fit culbuter dans la Mer; celui qui tomba le premier en fut d'abord mis en pieces & devoré; & le second qui nâgeoit autour du Navire, & auquel nous étions sur le point de jetter une corde, pour le tirer à nous, fut assailli par les deux autres: l'un le prit par la tête, & l'autre par les pieds, & tirant chacun de son côté avec une extrême furie, ils séparérent bien-tôt ce miserable corps, dont les boyaux & le sang faisoient une longue traînée dans la Mer. Cette tragique Avanture nous causa à tous une affliction trés-sensible, d'autant plus que ces hommes étoient deux de nos meilleurs Matelots. Aprés que ces cruels Animaux nous eurent encore suivis une bonne demie heure, nous les perdîmes tout à fait de vûë. Peu de tems aprés nous eûmes une trés-grande tempête qui nous tint alerte plus de six heures. Cependant en portant toûjours vers l'Oüest, nous vinmes à découvrir quatre Isles, & peu aprés trois autres; elles étoient toutes sept sur la même ligne, & fort peu distantes l'une de l'autre: Nous formâmes d'abord le dessein d'y prendre terre, mais il nous fut impossible d'exécuter notre projet, car nous trouvâmes en nous en approchant, qu'aux environs de toutes ces Isles la Mer fourmilloit de Bancs de sable & de Rochers fort prés les uns des autres, & étoit remplie de courans qui se croisans de tous côtez, rendoient cette Mer la plus dangereuse, au jugement de notre Pilote, qu'il eût jamais vûe. Nous jettâmes l'ancre à la pointe d'un grand Banc de sable qui étoit vis à vis de nous, afin d'avoir le tems de consulter ensemble quelle route nous prendrions: Cependant, nous considérions exactement ces Isles, elles étoient pleines de petits monticules qui paroissoient dans le lointain d'un rouge de vermillon, & quelques-uns brilloient comme des rubis. Nous en attribuâmes la cause à un air fort enflammé qui étoit alors dans tous les environs. Nous vîmes dans la cinquiéme Isle qui étoit la plus grande du côté de l'Est, une Roche de figure ronde qui s'élevoit fort haut en droite ligne, & qui étant d'égale grosseur en haut & en bas, ressembloit à une belle grande colonne, & un peu plus avant il y avoit de grosses & hautes Roches fort serrées & proches l'une de l'autre, qui representoient parfaitement les masures d'un grand & magnifique Château, à l'une des extrêmitez duquel on voyoit comme une grande Tour ronde, d'où sortoit une grosse & noire vapeur qui s'élevoit si haut & avec tant de rapidité dans les airs, qu'elle sembloit s'unir avec les nues, & ne former qu'un même corps avec elles. Je pris alors mes grandes Lunettes d'approche, & je découvris dans cette épaisse fumée, de grosses étincelles semblables à des étoiles qui étoient dans un perpetuel mouvement. Quelques instans aprés, je vis sortir de cette Roche de gros torrens de flammes qui comme un Vent impétueux se répandans au long & au large, nous causa une épouvante générale. Je ne croy pas que le Mont Etna en Sicile, ni le Mont Vesuve en Italie, en ayent jamais vomi de si terribles. Ces épouvantables flammes ayant duré environ trois minutes, s'évanouirent & ne laisserent aprés elles que quelques étincelles & une legére fumée: nous n'avions pas encore resté là vingt-quatre heures, que nous nous aperçûmes que la Mer qui environnoit ces Isles, étoit toute prise. Quoique dans l'endroit où nous étions, nous ne sentissions pas le moindre froid, nous résolûmes de reprendre le large, & de côtoyer de loin les dangereux écueils que nous avions devant nous jusqu'à ce que nous pussions seurement continuer nôtre route vers l'Oüest. Nous en vinmes heureusement à bout avec un Vent favorable, & nous entrâmes enfin dans une pleine Mer, où nous commençâmes de voir floter de grandes piéces de glace.

CHAPITRE VI.

Du grand Promontoire ou Cap qui est toûjours couvert de nuages; du miraculeux Jet d'eau qu'on y voit; de la grande & profonde Caverne sur laquelle passe un gros & large Torrent. Combat extraordinaire entre deux Ours blancs & trois Veaux marins.

Dans moins de deux heures la Mer fut toute couverte de glaces, & nous fimes une continuelle manœuvre pour les éviter autant qu'il nous étoit possible; il y en avoit une qui étoit éloignée de nous d'environ cinq ou six portées de mousquet, d'une grandeur si énorme, qu'elle paroissoit une petite Isle, & venant à se rompre en piéces, elle fit plus de bruit en s'éclatant qu'une batterie de plusieurs canons qui auroient fait feu tout à la fois; mais ces glaces diminuant insensiblement de nombre, nous nous en trouvâmes heureusement tout à fait dégagez; mais peu de tems aprés nous fûmes surpris d'un calme qui dura quinze heures; toute la surface de la Mer étoit plus unie qu'une glace de miroir. A une bonne lieue de l'endroit où nous fûmes contraints de rester pour attendre le Vent, il y avoit une grosse Roche à trois pointes que nous allâmes reconnoître avec la chaloupe; elle étoit entourée d'un petit terrain, large de dix ou douze pieds, tout bordé le long de l'eau de grandes herbes fort larges, & couvert jusqu'au pied de la montagne de coquillages, entre lesquels nous trouvâmes une grande quantité de petites huitres, dont les écailles étoient fort noires. Nous en ouvrîmes quelques-unes qui étoient d'un goût excellent, ce qui fut cause que nous en emportâmes à bord autant qu'il nous fut possible. Nous eûmes la curiosité de grimper au haut de cette Roche; sa cime étoit une espece de plate-forme entre trois pointes, sur laquelle nous vîmes plusieurs plumes d'oiseau éparses çà & là. Nous découvrîmes dans des trous quelques nids qui n'étoient qu'un entrelassement de mousse, d'herbes & de plumes; il n'y avoit en tout que deux œufs aussi blancs, mais considérablement plus gros que des œufs de poule; le blanc en étoit d'un verd pâle, & le jaune d'un rouge noir: sans une certaine accreur qu'ils laissoient dans la gorge, ils auroient été assez bons à manger; il n'y avoit pas long-temps que nous étions rentrez dans le Vaisseau, qu'un petit vent commença à s'élever: nous nous en prévalûmes d'abord, mais dans peu d'heures il se renforça de telle sorte, que nous craignîmes d'avoir une rude tempête; c'étoit le même Vent que nous avions eu auparavant; nous en fûmes pourtant quites pour la peur; Nous voguions pour lors avec tant de rapidité, que nous faisions beaucoup de chemin dans une heure. En jettant la vûe sur le bord de l'horison, nous vîmes du côté de l'Oüest comme un grand & gros nuage qui sembloit toucher la Mer, mais nous en approchant toûjours, nous découvrîmes un Cap, dont les terres étoient fort hautes, au dessus duquel il y avoit d'épais nuages à perte de vûë. Comme nous avions dessein, avant de retourner dans le vieux monde, de faire encore quelques nouvelles découvertes, nous allâmes jetter l'Ancre dans l'endroit le plus commode, pour aller à terre; c'étoit une douce pente par laquelle nous montâmes aisément: étant parvenus, en haut, nous trouvâmes une grande quantité de cailloux & de petites pierres, tout le terrain étoit sablonneux & pierreux, & nous ne pouvions pas étendre notre vûe fort loin, parce qu'à cette extrêmité du Cap le Païs alloit insensiblement en montant. Quand nous fûmes arrivez à la plus grande hauteur, nous découvrîmes de grandes Plaines à perte de vûe coupées de plusieurs petits Lacs, & bornées dans le lointain de grandes & hautes montagnes couvertes de neige & fort transparentes, assez prés de nous, & tout vis à vis il y avoit deux petites colines derriere lesquelles on appercevoit bondir rapidement dans les airs, un gros Jet d'eau, semblable à une belle & grande colonne, qui se couronnant d'une grosse écume, retomboit autour d'elle-même par une infinité de petits Ruisseaux, qui se réduisans bien-tôt comme dans une grosse poussiere d'eau, retomboient en bas: du lieu où nous étions, nous ne pouvions voir d'où il sortoit; c'est pourquoy précipitans nos pas, nous nous avançâmes au-delà des colines, & trois Jets d'eau se présentérent à notre vue, qui sortoient de trois petites Roches, disposées en triangle au milieu d'un gros amas de rocaille & de cailloux: Le plus grand qui étoit celui que nous avions aperçû d'abord, s'élevoit dans les airs environ à la hauteur de deux cens cinquante pieds, mais les deux petits en passoient à peine sept à huit: leurs eaux en retombant en terre formoient une petite Riviere, qui aprés avoir serpenté neuf cens ou mille pas, s'alloit jetter dans un des Lacs dont je viens de parler: l'eau en étoit trés-claire & trés-bonne à boire; l'air étoit fort temperé, & il faut de necessité que l'extrême froid se fasse sentir encore plus tard dans ces Contrées. On doit remarquer que ces Lacs se communiquant tous par des Ruisseaux qui coulent des uns dans les autres, nous ne pouvions par conséquent avancer dans le Païs qu'en faisant de longs détours: c'est pourquoy nous les laissâmes sur la gauche & prîmes un peu sur la droite; tout y étoit jusques là si sec & si aride, qu'il n'y croissoit pas la moindre herbe ni le plus petit arbuste. Un grand Vent de terre commença pour lors à souffler avec une telle véhémence & faisoit élever tant de sable & de poussiére, que nous étions contraints de nous arrêter de tems en tems, & de fermer les yeux de peur d'être aveuglez: mais heureusement cela passa bien tôt, & nous entrâmes dans un fonds, dont le terrain, étoit fort noir & couvert par tout d'une petite plante longue & mince, avec des nœuds comme des cannes; elle croissoit en rampant fort loin sur la terre, & jettoit d'espace en espace un petit bouquet de graines d'un trés-beau jaune: cette Plante étoit fort jolie. Aprés y avoir marché cinq ou six cens pas, nous entendîmes un bruit comme celui d'une grande chûte d'eau, & de fait nous vîmes bien-tôt après un gros torrent, qui sortant d'entre deux Rochers trés hauts se précipitoit en bas à la hauteur de plus de trois cens pieds, & formoit ensuite une petite Riviere, qui roulant ses eaux avec une extrême rapidité, entraînoit avec elle une trés-grande quantité de pierres & de cailloux. Comme nous considerions de quelle maniere nous la pourrions passer, nous aperçûmes à côté d'une petite hauteur une descente au bas de laquelle il y avoit une espece de Buisson; c'étoit de petits arbustes fort serrez qui étoient armez d'épines avec de petites feuilles trés-rouges, ils nous cachoient en partie l'entrée d'une Caverne; nous balançâmes quelque tems, n'osant pas d'abord nous hazarder dans un lieu qui pouvoit nous être fatal, mais les deux plus hardis des nôtres y étant entrez, nous suivîmes tous, & aprés avoir marché quelque tems dans l'obscurité, nous découvrîmes tout d'un coup un trés-grand & trés-spacieux sous terrain, divisé en diverses grandes Voûtes de differentes hauteurs, toutes taillées par la Nature dans le Roc: il y en avoit quelques-unes plus hautes & plus vastes que celles des plus grandes Eglises; de grosses Roches disposées à distances inégales soûtenoient ces lourdes & énormes masses de pierre; la lumiere y entroit par en haut au travers d'un grand nombre d'ouvertures, dont les unes étoient en long comme des fentes ou grandes crevasses, & les autres presque rondes ou quarrées, d'où pendoient des herbes à longue tige, dont les feuilles étoient grandes comme celles de figuier: Il y a apparence que l'air chaud qu'on respiroit dans cette Caverne, contribuoit beaucoup à les faire croître; la plus grande & la plus haute de toutes ces Voûtes étoit depuis le haut jusques au bas toute marquetée de noir & de blanc; les marques noires étoient beaucoup plus grandes que les blanches, mais les blanches brilloient comme du cristal; & comme elle avoit en haut vers le milieu, une fort grande ouverture ronde, cela faisoit un charmant effet: Le terrain étoit uni presque par tout, excepté vers une des extrêmitez, où il se haussoit insensiblement. Nous y vîmes un nombre innombrable d'Oiseaux blancs comme des Cignes, & pas plus grands que des Moineaux. Ils pensoient si peu à s'envoler ou à s'enfuir, Qu'ils se laissoient presque marcher sur le corps; nous en prîmes tant que nous voulûmes, ce n'étoit qu'un petit peloton de graisse trés-délicat à manger: Quand nous fûmes au bout, nous y trouvâmes une issue qui conduisoit dans la campagne, & au bas, dans un coin fort obscur, nous vîmes un grand trou rond, à peu prés comme un Puits; nous y jettâmes plusieurs pierres fort grosses, qui aprés être tombées ne faisoient aucun bruit, ce qui nous surprit; & quelques instans aprés, il en sortit tout d'un coup un fort gros oiseau tout noir, qui en étendant ses aîles nous épouvanta par leur grandeur; en sortant de la Caverne il jetta trois grands vilains cris dont toutes les voûtes retentirent: il portoit au bec quelque chose d'assez gros & long, mais il ne nous donna pas le tems de discerner ce que ce pouvoit être. Il faloit que ce Puits fût d'une prodigieuse profondeur, & qu'il y eût quelques trous ou enfoncemens où cet oiseau avoit peut-être son nid, ou qu'il y trouvât quelque chose pour sa subsistance. Nous sortîmes bien-tôt après lui, mais nous eûmes beaucoup de peine à monter, à cause que la pente étoit fort rude & pleine de fort gros cailloux & de pierres pointues: quand nous fûmes en haut, nous connûmes que nous étions au-delà du Torrent, parce qu'il passoit par dessus la Caverne & justement au milieu. Nous n'étions pas à un quart de lieue de la caverne, que nous vîmes sortir deux Ours blancs d'entre deux belles colines vertes comme un Pré par en bas, dont le sommet étoit tout couvert de cette espece d'épine dont j'ai parlé, qui avoit de petites feuilles si rouges. Ils entrerent dans un chemin creux plein de sable, le long d'un côteau qui conduisoit droit à la Mer; ils fouilloient à tous momens la terre avec leur museau aparemment pour chercher quelques racines. Nous les suivîmes de loin, ayant toûjours en cas de necessité nos armes prêtes, quoique pourtant nous eussions remarqué plusieurs fois qu'ils n'attaquoient pas les hommes. Nous fûmes bien-tôt en vûë de la Mer; la Côte en cet endroit formoit un petit Golfe, & le rivage paroissoit tout couvert de coquillage. Nous aperçûmes le long de l'eau trois Veaux marins endormis sur le sable, l'un desquels étoit couché moitié dans l'eau & moitié sur terre; cependant les Ours qui avoient pris petit détour, arriverent insensiblement dans cet endroit, & fouillant toujours de leur museau entre les coquilles, il ne sembloit pas qu'ils regardassent devant eux; mais le plus gros se voyant tout d'un coup auprés d'un de ces veaux marins, il l'assaillit par le haut du col, & du premier coup de dent lui fit ruisseler le sang jusqu'à terre: Cet animal, s'éveillant en sursaut, se donna de si violentes secousses qu'il se dégagea, & perça avec les grands crocs qu'il avoit à la machoire inférieure, le ventre de l'Ours, qui tout furieux, le mordit & le déchira cruellement par tout où il le put attraper. Les deux autres étant venus à son secours, le combat devint general entre ces cinq animaux; mais le premier des Veaux marins perdoit tant de sang, qu'il se sauva dans la Mer, & les autres l'ayant d'abord suivi, ils laisserent par leur fuite aux deux Ours le champ de bataille & tout l'honneur de la victoire. Il y avoit dans ces quartiers un grand nombre de ces Veaux marins; j'en ai vû qui avoient plus de huit pieds de long & qui étoient gros à proportion; ils sont amphibies, & marquetez comme des Tigres, de noir & de blanc, de jaune, de gris & de rouge; leur peau est couverte d'un poil ras, ils ont la tête fort grosse, & quatre pieds avec cinq griffes non divisées, comme des pates d'Oye, & jointes par une peau noire; leur queue est fort courte, ils se plaisent fort à se tenir couchez sur le sable le long de la Mer. Nous laissâmes encore là nos deux Ours fouillans entre les coquillages, & nous suivîmes le rivage, en tournant du côté où nous avions laissé notre Vaisseau. Lorsque nous mîmes le pied sur cette hauteur qui formoit la petite pointe du Cap, je fus dans la derniére surprise d'en voir le terrain tout moüillé, & celui que nous quittions tout à fait sec, le gros nuage qui le couvroit & qui le couvrit toûjours pendant que nous y restâmes, distilloit de tems à autre une grosse rosée semblable à une petite pluye trés-menuë, pendant que dans tous les environs l'air étoit trés-clair & trés-serain, je n'ai jamais pû comprendre quelle en pouvoit être la cause, il falloit que dans ces terres il y eût une vertu occulte & attractive qui retînt toujours au dessus d'elles, même malgré les plus grands Vents, cette grosse exhalaison.

CHAPITRE VII.

Du détroit des Ours. De la merveilleuse Arcade de Roche, ou du Pont naturel. Du précipice épouvantable qu'on voit entre de hautes montagnes voisines du détroit des Ours. Des bruits soû-terrains semblables au tonnerre, accompagnez d'éclairs qu'on entend dans une grosse Roche fort avant dans la Mer.

Après avoir visité une partie du Cap, nous voulûmes pénétrer dans le Continent, mais nous ne jugeâmes pas à propos de nous hazarder si long-tems entre des montagnes, dans un Pays inconnu, qui n'avoit pour habitans que des bêtes sauvages & quelques oiseaux; c'est pourquoi nous résolûmes d'y aller par Mer: pour cet effet, nous nous rembarquâmes, & avec un petit Vent d'Est nous côtoyâmes le Cap du côté de l'Ouest, & nous fûmes au bout de cinq ou six heures environnez de tant de pieces de glaces, que nous craignîmes d'être contraints de rejetter l'ancre, mais le Vent s'étant renforcé du double, il les chassa vers l'Oüest, & nous poursuivîmes notre route; cependant nous fûmes obligez de porter plus vers la droite, à cause d'un grand nombre d'écueils & de bancs de sable qui sont le long du Cap. Nous voguâmes assez heureusement pendant quarante-huit heures, aprés quoy nous commençâmes à découvrir un grand Golfe qui entroit dans les terres, par un détroit qui n'avoit qu'un grand quart de lieue de large; je le nommai le détroit des Ours, à cause que nous y en vîmes une trés-grande quantité. Il arriva dans ce moment une chose qui nous frapa par sa singularité; il faut savoir, que dans ce détroit il y a un courant qui va d'un rivage à l'autre: vingt à vingt-cinq de ces Ours se tenoient sur le bord de l'eau & sembloient attendre au Passage un grand quartier de glace, qu'on voyoit s'aprocher de loin, & le hazard ayant voulu qu'en flottant il s'aprochât d'eux, ils sauterent tous dessus avec une vîtesse incroyable, & le courant les ayant portez de l'autre côté, ils ressauterent d'abord à terre avec la même agilité. Cette maniere de passer l'eau, démontroit clairement dans ces animaux beaucoup d'intelligence & de raisonnement, malgré l'opinion de certains Philosophes. Nous entrâmes assez avant dans le Golfe, & ancrâmes, malgré la presence des Ours, dans un lieu où il y avoit quatre grandes piles de glaces, que les flots de la Mer avoient poussé contre la Côte, & entassées les unes sur les autres. Tout ce que nous vîmes autour de nous, étoit couvert de neige. Environ à une lieue de là il y avoit une chaîne de montagnes fort serrées, qui renfermoient dans une ronde enceinte un petit Lac: A son côté Oriental, par succession de tems plusieurs pieces de Roche s'étant détachées par en bas, avoient laissé une grande ouverture tout au travers en forme d'arcade, par laquelle les eaux du Lac s'écouloient dans la Campagne voisine; de sorte que de loin on croyoit voir un Pont d'une seule arcade, & d'autant plus que la Roche qui étoit restée au dessus, étoit assez plate & unie; j'ai eu la curiosité d'y monter, & pour en faire un veritable Pont rien n'y manquoit que les gardefoux; il faisoit alors un froid excessif accompagné de tems en tems d'une neige menue comme poussiere, & par consequent l'air étoit fort sombre & obscur; mais ensuite il devint trés-clair & trés serain, une belle exhalaison lumineuse s'éleva du côté du Sud, semblable à une brillante aurore, & le froid diminua de telle maniere que la neige en fondant distilloit des montagnes en bas. On voyoit dans cet endroit une fort jolie Riviere bordée des deux côtez de petits roseaux semblables à du jonc, qui aprés avoir fait en serpentant plusieurs tours & détours dans la Campagne, s'alloit jetter dans le Golfe un peu au dessus de nous, ayant monté vers sa source, nous aperçûmes qu'elle tomboit du haut d'une grosse montagne fort large & plate par en haut: comme la pente en étoit aisée, j'y montai bien-tôt, & je vis sur son sommet un petit Lac, d'où la Riviere sortoit; ce Lac pouvoit avoir environ cent pas de diamêtre; sa partie Orientale étoit couverte d'une glace mince, & pour sa petitesse il paroissoit extrêmement profond, son eau étoit douce & fort claire; tout cela auroit été une ample matiere de considerations & de raisonnemens pour des personnes versées dans la science des choses naturelles: cette montagne fermoit un vallon fort étroit & serré entre deux rangs de colines, qui étoit couvert jusqu'au fonds de petite herbe menue; il aboutissoit à une espece de large & longue esplanade de Roche vive, au bord de laquelle s'offroit d'abord à la vûë un précipice effroyable; ce n'étoit tout autour que de hautes & d'affreuses Roches, au bas desquelles rouloient avec impetuosité dans des trous & des crevasses, de gros torrens écumeux, qui aprés s'être croisez les uns les autres, s'alloient précipiter tous ensemble, dans un bas, dont l'immense profondeur glaçoit d'effroi; je puis dire que la seule idée qui m'en reste, me fait encore fremir, & je ne crois pas qu'il y ait dans tout le reste de l'Univers un semblable précipice: Comme le Païs de ce côté-là n'étoit que Rochers, autant que nous en pouvions juger, nous tournâmes à la droite, c'est à dire, vers le Golfe; ce n'étoit que pierres & que sables entrecoupez par tout d'une infinité de petits Ruisseaux, trés-difficiles à passer; mais enfin, aprés beaucoup de peines, nous parvînmes au haut d'une large descente fort plate & unie qui conduisoit droit à la Mer: étans tout au bas, nous nous assîmes pour nous reposer sur de petites Roches le long du rivage: on voyoit de là à une demie portée de canon avant dans la Mer, une fort grosse Montagne toute de Roche, autour de laquelle étoit un brouillard épais: à peine avions nous resté là assis un quart d'heure, qu'un grand bruit comme d'un Vent sous-terrain nous vint fraper les oreilles, & qui nous sembla partir de cette Montagne; il dura environ deux minutes, & puis cessa tout d'un coup; mais un demi quart d'heure aprés, la Montagne commença à darder de tous côtez environ trois pieds au dessus de l'eau, une infinité de petits feux, qui aprés avoir tournoyé avec impétuosité dans les airs, s'évanouissoient comme fait un éclair, & quelques instans ensuite, un bruit furieux se fit entendre à coups redoublez comme de grands éclats de tonnerre: nous vîmes & entendîmes quatre fois successivement la même chose dans l'espace d'une grosse heure.

Nous remarquâmes que la Montagne ne jettoit aucune fumée, ni par le sommet, ni par aucun autre endroit, & que le brouillard qui l'environnoit s'étant aprés entierement dissipé, tout l'air des environs reprit sa premiere serenité.

CHAPITRE VIII.

D'une belle & spacieuse Plaine fermée de trois grands Côteaux; d'une Plante trés-belle & trés-singuliere; de quelques mazures, des curieux restes d'une anciene Muraille, dans le voisinage de la Mer: d'un merveilleux Echo: de l'Oiseau couronné qui fait son nid sous terre.

Comme j'avois vû par le moyen de mes Lunettes d'approche, que de l'autre côté du Golfe le Païs étoit beaucoup moins montagneux & plus beau, j'engageai quelques-uns de mes Compagnons de voyage à y faire quelques courses avec moi, ce que nous executâmes bien-tôt après. Nous trouvâmes d'abord un terrain assez plat & uni, mais pierreux, & il me sembla qu'on en auroit pû tirer des pierres fort propres à bâtir; j'y vis même de lieu en lieu de grands trous presque comblez, qu'on auroit pû prendre pour des carrieres: nous avions pour lors vis à vis de nous un grand Côteau qui nous bornoit la vûe, je montai sur une éminence, pour voir si je pourrois découvrir ce qui étoit au delà, & j'apperçûs trois grands côteaux qui faisoient un angle irrégulier, & renfermoient une belle & spacieuse Plaine. Nous n'eûmes pas beaucoup de peine à y descendre, elle étoit si parfaitement plate dans toute son étendue, qu'on n'y pouvoit pas remarquer la moindre hauteur, ni le moindre enfoncement; l'herbe dont elle étoit couverte, étoit alors toute humide, comme si une abondante rosée étoit tombée depuis peu dessus: J'aperçûs le long des Côteaux une infinité de longues rayes blanches, brillantes comme du vif argent, qui se croisoient de cent façons, de haut en bas & de bas en haut; je m'en aprochai, & je vis de tous côtez une espece de limaçons quatre fois plus gros que ceux de nos Climats, qui portoient sur leur dos une coquille d'un trés beau verd; ils avoient le corps noir, la queuë longue, & une petite tête sans cornes, ils laissoient en se glissant sur la terre une trace de grosse écume blanche qui faisoit ces longues rayes dont je viens de parler. Ils rongeoient trés volontiers une Plante qui croissoit dans cette Plaine, & qui est si belle & si singuliere qu'elle mérite bien d'être décrite ici. Elle s'éleve au dessus de terre à la hauteur d'environ une coudée, & jette vingt-cinq ou trente feuilles fort serrées par en bas, mais qui s'élargissent considérablement par en haut: ces feuilles sont de la largeur d'un empan avec des pointes tout autour aussi dures & aigues que des épines; elles sont d'un trés-beau verd pâle, & pleines de grandes veines du plus bel aurore qu'on puisse voir: Nous en arrachâmes quelques-unes, mais avec assez de peine, à cause des pointes dont elles sont armées, & nous fûmes surpris de voir que leur racine avoit la véritable figure d'un melon, la peau d'un gris brun divisée par côtes, & rude au toucher comme du chagrin; le dedans étoit une chair molle, blanchâtre, spongieuse & d'une odeur desagréable, ce qui nous empêcha d'en goûter; mais s'il n'y a rien de bon à manger, on y trouve de quoi satisfaire la vûë: J'ai vû plus de cent de ces limaçons ronger une seule de ces Plantes. On en verra le dessein tiré d'aprés nature à la figure F.

Il y avoit à un coin de cette Plaine, c'est à dire, à l'Angle qui étoit du côté de la Mer, une sortie par une voûte de pierre, mais si basse qu'il se falloit presque mettre en double pour y passer; on arrivoit par là dans un grand espace tout pavé de belles pierres brunes semblables à du grez & larges d'environ trois pieds. A quelques cent pas de là, on voyoit dans un lieu plein de sable & de gravier les restes d'une Tour, tout auprés de laquelle paroissoit comme enfoncée dans la terre, une grande pierre ronde de figure convexe comme un gros Globe, qui avoit sur sa superficie trois étoiles sur une même ligne representées en bosse; je ne pouvois m'imaginer ce que ce pouvoit être; cette pierre étoit à un bout des ruines d'une longue muraille, qui s'étendoit jusques à la Mer; cette muraille avoit du moins trois pieds & demi d'épaisseur, mais elle ne s'élevoit plus au dessus de terre, qu'à la hauteur d'un bon demi pied; il en étoit pourtant resté un pan près de la Mer qui venoit jusqu'à la ceinture, & dans lequel étoit enchassée une grande piece de marbre rouge en forme d'exagone, où l'on voyoit gravez un angle avec une espece de Serpent au milieu, & tout autour de certains ornemens & contours bisarres:

Je remarquai que les pierres de la Tour & de la muraille étoient jointes si prés, qu'il n'y avoit nulle apparence qu'il y eût jamais eu ni chaux ni ciment. Quoique pendant tout le temps que nous avons été dans ces Climats nous n'ayons rencontré aucun habitant, il est hors de doute qu'il doit y en avoir eu, toutes ces choses en sont des preuves incontestables, & je me le persuade d'autant plus que j'y ai vû plusieurs endroits à mon sens fort propres à cultiver, & que le froid n'y est pas insuportable. Nous découvrîmes par hasard prés de ces mazures un merveilleux Echo, car en frappant d'une pierre sur une Roche, le coup se répetoit jusques à six, sept, & huit fois le long du rivage; au reste, on pourroit faire dans cet endroit un trés-bon Port de Mer. En avançant toûjours le long de la Côte, nous vinmes à une grande Plage qui avoit bien trois lieues d'étendue: elle étoit semée de petits bancs de sable, & il y avoit au milieu une jolie petite Isle longue & étroite, toute pleine de roseaux fort verds, & dont les bords étoient tous couverts de coquillages. Quoiqu'il n'y en eût pas un seul du côté où nous étions, aprés cette Plage, la Mer faisoit un grand coude dans les terres, dans le fonds duquel étoient trois hautes Montagnes; celle du milieu qui étoit la plus haute s'avançoit si fort sur le rivage, qu'elle ne laissoit guéres plus de trois pieds de terrain pour passer à côté; elle avoit du côté de la Mer un grand trou ou enfoncement, comme une profonde Grote, ou je vis deux squelettes d'animaux à quatre pieds; aprés les avoir bien examinez, je jugeai que ce devoit être des squelettes d'Ours, mais qui avoient été d'une monstrueuse grosseur: l'un occupoit l'entrée & empêchoit presque le passage, l'autre étoit tout à fait dans le fonds, & je trouvai entre ses côtes un gros nid d'oiseaux, avec quelques œufs: dans cet endroit, nous laissâmes sur nôtre gauche la Mer & ces Montagnes, & entrâmes à droite plus avant dans les terres; c'étoit un Pays sablonneux presque tout couvert d'une espece de mousse blanche, & de lieu en lieu on voyoit la terre élevée par petits monceaux, comme dans les champs où il y a des taupes, mais je ne pûs découvrir quelle sorte d'animaux c'étoit: Nous voyions alors devant nous un gros Ruisseau, formé sans doute par les neiges fonduës qui coulent abondamment des Montagnes voisines, & comme il nous étoit impossible de le passer, nous fûmes obligez de prendre un assez long détour, & même de marcher longtemps le long d'un Côteau dans une neige molle & demi fondue: mais ce qui nous donnoit courage d'avancer, c'étoit une belle & grande Prairie qui étoit presque vis à vis de nous toute semée de petites fleurs jaunes, & bornée d'une longue hauteur, où l'on voyoit comme un petit bocage d'arbustes fort verds; ces fleurs jaunes exhaloient une odeur trés-agréable, & comme je m'amusois à les considerer, un gros oiseau sortit tout d'un coup d'entre les arbustes, qui sans s'effrayer se vint poser à trente pas de nous; il étoit à peu près de la grandeur d'une Oye, & marchoit fierement comme un Coq, la tête haute, & haussant fort les pieds à chaque pas; ses serres paroissoient grandes & pointues, son plumage étoit gris, & n'avoit presque point de queue; il portoit sur la tête un gros bouquet de plumes noires & blanches, & fort hautes, qui s'élargissant en rond par en haut, ressembloient assez à une grande couronne; son bec étoit rouge, gros & court. Aprés qu'il eut fouillé quelque peu de tems dans la Prairie, il prit dans son bec plusieurs herbes, & s'envola vers la hauteur: je le suivis de l'œil, & le vis entrer au bas dans un trou; je m'avançai promptement & remarquai que ce trou étoit profond, & alloit fort en tournant dans la terre; j'inferai de là qu'il y avoit son nid, & d'autant plus, que j'en aperçûs encore quelques autres aussi profonds & de la même façon en bas, le long de la hauteur; mais nous ne vîmes plus l'oiseau, ni aucun autre de son espece.

CHAPITRE IX.

D'un grand & beau Bassin qu'une enceinte de Rochers forme sur le même Golfe dont on vient de parler: d'une grande & haute Montagne qui paroît suspendue dans les airs: d'un Archipelague ou de plusieurs Isles ramassées ensemble, d'une grande & haute Colomne de feu sur la Mer, & d'un Phénomene qui avoit la figure du Soleil.

Ayant résolu d'avancer encore un peu dans le Continent, nous nous mîmes à traverser une grande étendue toute pleine d'une espece de bruyeres, à l'extrêmité de laquelle il y avoit de grands Côteaux tous de pierres rouges, & le terrain étoit à peu prés de la même couleur, de sorte qu'aprés y avoir marché quelque tems, nos souliers & nos bas étoient tout couverts d'une grosse poussiere rouge. Dès que nous eûmes passé ces Côteaux, nous découvrîmes d'abord de grandes Campagnes séches, & arides & trés-sablonneuses, qui dans le lointain n'offroient à la vûe, que des Rochers affreux, & dont quelques uns étoient si hauts, que leurs sommets se cachoient dans les nues. Tous ces objets ralentirent si fort notre ardeur à pénétrer plus avant, que changeant de résolution sur le champ, nous nous tournâmes du côté de la Mer, dans le dessein de la côtoyer, jusques à ce que nous fussions au détroit des Ours, près duquel notre Vaisseau étoit à l'ancre. Nous enfilâmes pour cet effet une grande Valée où le chemin étoit trés beau & trés uni: nous trouvâmes ensuite une grande quantité d'oiseaux, d'un plumage gris mêlé d'un peu de noir, ils étoient à peu près de la grosseur de nos Pigeons, & avoient le bec crochu comme des Perroquets, ils se laissoient prendre à la main, de sorte que nous en portâmes à bord autant qu'il nous fut possible. Bien tôt aprés nous parlâmes de nous en retourner au vieux monde, mais à la pluralité des voix nous résolûmes de voir auparavant la partie occidentale du Golphe, car nous avions remarqué qu'il s'avançoit beau coup du côté de l'Occident. Nous partîmes donc du détroit avec un bon Vent Nord-Est, & voguâmes fort heureusement plus de vingt quatre heures, en portant vers l'Oüest; mais aprés le Vent venant tout d'un coup à tomber nous eûmes un calme qui dura six heures: nous avions presque toûjours cotoyé les terres, & nous en étions pour lors bien prés, mais nous n'y pouvions rien distinguer à cause d'un fort gros brouillard qui regnoit le long de cette Côte, la Mer & ce brouillard paroissant de la même couleur: pourtant au bout de deux petites heures, il fut entierement dissipé, & nous vîmes tout droit vis à vis de nous une grande & vaste enceinte de Rochers, qui s'avançant dans les terres, formoit un cercle presque entier dans lequel la mer s'insinuoit entre deux grosses & énormes Montagnes dont la cime touchoit les nues; c'est sans doute le plus beau & le plus grand Bassin d'eau qui soit au monde, & où l'on pourroit mettre à couvert des Vents, comme dans un seur & magnifique Port, plus de trois cens cinquante Vaisseaux fort à l'aise; l'entrée peut avoir quinze cens pas de largeur: les montagnes de l'enceinte sont d'une mediocre hauteur,

& d'une Roche presque blanche, où il y a tout autour de distance en distance de grands trous en forme de fenêtres d'Eglise, qui percent tout au travers, & par où l'on peut voir la campagne de l'autre côté: tout cela vû du lieu où nous étions, faisoit la plus belle perspective qu'on se puisse imaginer; les deux grosses Montagnes de l'entrée paroissoient toutes couvertes jusqu'au sommet de mousse verte. J'entrai moi sixiéme avec la chaloupe dans ce beau Bassin, nous y vîmes tout autour dans des trous du Roc plusieurs nids d'Oiseaux; l'eau en étoit trés claire, & il nous parut qu'il étoit par tout extrêmement profond. Le Vent s'étant relevé, se tourna tout droit Est, & ayant continué notre route deux ou trois heures, nous nous trouvâmes entre deux bancs de sable fort longs, où il y avoit si peu d'eau, que nous eûmes toutes les peines du monde à en sortir: enfin nous nous en tirâmes heureusement, nous découvrîmes sur notre gauche au milieu de la Mer, un assemblage de Rochers qui formoient ensemble une grosse masse; il y en avoit un, qui en penchant extraordinairement, poussoit une fort longue pointe vers le Nord: il avoit en bas un peu au dessus de l'eau, une trés grande échancrure ou enfoncement, sous lequel la Mer entroit fort avant, & comme il regnoit alors une exhalaison épaisse comme un nuage autour du pied de ces Rochers, il étoit impossible de voir de loin la partie, qui l'attachoit à eux, de sorte qu'il nous sembla suspendu en l'air, jusques à ce que nous l'eussions consideré de plus prés; ce Roc me parut trés digne d'attention, il est impossible qu'avec le tems, il ne tombe dans la Mer entraîné par son propre poids: Je remarquai que tout autour de ces Rochers, l'eau étoit épaisse & verte, & semblable en quelque maniere à un Marais. Nous étions à peine à une demie lieue de là que le Vent se renforça extrêmement, & nous fit voguer avec tant de rapidité, que nous fûmes bien-tôt en vûe d'un fort grand nombre de petites Isles fort proches les unes des autres; j'en comptai avec le secours de mes Lunettes jusques à vingt-cinq; elles paroissoient toutes vertes comme des Prairies, nous mîmes pied à terre dans celle qui étoit la plus proche de nous, parce que nous vîmes sur ses bords une prodigieuse quantité de coquillages, nous y trouvâmes beaucoup de cette espece de petites huitres, dont j'ai parlé dans le Chapitre sixiéme. Nous ne jugeâmes pas à propos de nous hasarder plus avant entre ces Isles, car comme elles étoient fort serrées, il y avoit une infinité de brisans, & des eaux tournoyantes que nous crûmes être autant de gouffres trés dangereux. Nous les laissâmes donc à gauche, & au bout de quinze heures, nous fûmes dans le fonds le plus Occidental du Golphe; la Côte étoit fort haute, & nous nous encrâmes dans une encoignure qu'il y avoit pour estre à couvert des Vents, car il nous sembla estre menacez d'une prochaine tempête, & de fait, bien-tôt aprés de gros & noirs nuages obscurcirent l'air de telle maniere qu'il faisait presque nuit, & comme j'en considerois un qui étoit d'une forme singuliere, il s'ouvrit tout d'un coup & offrit à mes yeux un feu trés brillant de figure circulaire, comme le Soleil, mais qui paroissoit prés d'une fois plus grand; ce Phenomene fit dans l'espace de quelques minutes trois ou quatre mouvemens précipitez du Nord au Sud. Dans ce même tems j'aperçus sur le bord de l'Horison, une longue suite de nuages, dont une partie vint insensiblement à tomber en ligne perpendiculaire jusques sur la Mer, sans pourtant se détacher des autres: c'étoit une vapeur trés claire & trés transparente que le Vent poussoit peu à peu vers nous: quand elle fut plus proche, elle parut de la couleur d'un feu pâle, & ressembloit ainsi à une grande & haute colomne de feu, qui touchant d'une extrêmité la Mer, & de l'autre les nues, se mouvoit sur la surface des eaux: au bout d'un quart d'heure elle s'évanouit, & il n'en resta plus qu'une legere fumée, qui fut bien-tôt tout à fait dissipée; cependant, le feu circulaire se faisoit voir de tems en tems dans les intervalles des nuages, & forma peu aprés dans l'air un trés bel Arc composé de deux couleurs, savoir d'un jaune clair, & d'un verd qui tiroit un peu sur le bleu. Cet Arc se reflechissant dans la Mer, faisoit un cercle parfait, d'une beauté extraordinaire; mais le Vent se renforçant extrêmement, la Mer devint fort grosse, & les vagues se venoient briser sur la Côte, avec une furieuse impetuosité; de sorte qu'il sembloit que tous les Vents fussent déchaînez, aussi eûmes nous une effroyable tempête qui fit dans trés-peu de tems disparoître ce bel Arc & le Phénomene qui le formoit. Nous nous trouvâmes bienheureux d'être postez comme nous l'étions, à couvert de l'effort des Vents. Aprés que cette tempête fut passée, & que l'air se fut éclairci, je montai sur la Côte pour voir tous les environs, mais rien ne s'offrit à mes yeux que Roches sur Roches & Montagnes sur Montagnes, dont les sommets & les intervalles étoient tout couverts de neige: en un mot, c'étoit un Pays d'une sécheresse & d'une sterilité surprenante, & où le froid se devoit faire sentir d'une maniere excessive. M'y étant avancé environ mille pas, je vis sortir d'un trou qui étoit au pied d'une coline, une espece de Renard, mais beaucoup plus gros que les Renards ordinaires: tout son poil étoit presque roux, il avoit le bout du nez & les quatre pates blanches jusques au dessus de la jointure: il vint sans s'effrayer brouter une sorte de mousse blanche qui étoit à vingt pas de moi, c'étoit une femelle, car un moment aprés cinq ou six de ses petits, tous marquez comme elle, sortirent du même trou & vinrent aussi brouter autour d'elle: mais quelques-uns de mes Compagnons étans survenus au même endroit, tous ces animaux s'épouvanterent, & s'enfuirent précipitamment dans leur tanniere.

CHAPITRE X.

L'auteur & ses Compagnons font voile pour le vieux monde; ils trouvent quelque tems aprés dans leur chemin un effroyable Ecueil; ils arrivent au Cap de Bonne-Esperance, avanture extraordinaire arrivée à l'auteur quelques jours aprés avoir mis pied à terre.

Quoique par les diverses courses que nous avions faites dans les Terres Antarctiques, nous n'eussions pas penetré fort avant dans le Païs, nous en avions pourtant assez vû pour juger aisément de tout le reste; & comme par plusieurs raisons il n'y avoit pas lieu d'y pouvoir séjourner plus long-tems, nous nous préparâmes à partir au plûtôt, pour retourner au vieux monde. Nous résolûmes de nous rendre au cap de Bonne-Esperance: nous fimes donc voile avec un bon Vent d'Ouest, qui nous fit sortir en peu de tems du Golfe & du Détroit; nous portions toutes nos voiles, & parce que le Vent étoit fort, nous faisions beaucoup de chemin en peu d'heures; nous prîmes hauteur & trouvâmes soixante & deux degrez six minutes de latitude Meridionale, & pour lors nous revîmes le Soleil pour la premiere fois, il étoit environ midi. A peu prés vers les trois heures, nous nous trouvâmes entre deux courans trés rapides, ce qui nous fit craindre qu'il n'y eût aux environs quelque dangereux écueil, je pris mes Lunettes d'aproche, & je vis une infinité de pointes de Roches au dessus de l'eau, au milieu desquelles se rendoient de divers endroits plusieurs gros courans, qui par leur impétuosite y élevoient une grosse & bouillonnante écume: nous prîmes toutes les précautions imaginables, cependant notre Vaisseau étoit entré à moitié dans un de ces courans, mais un coup de gouvernail donné à propos nous en retira, & nous eûmes enfin le bonheur de sortir d'un pas si dangereux sans aucun autre accident, & nous arrivâmes heureusement au Cap de Bonne-Esperance au bout de quelques jours à dix heures du matin, le cinquiéme de Juillet mil sept cens quatorze. En entrant dans la maison où j'allois loger, j'apris qu'on venoit d'enterrer un jeune homme, qui depuis quatre ou cinq semaines étoit venu de Batavia. Quand on m'eut dit son nom, je me souvins d'abord qu'il avoit été de ma particuliere connoissance & un de mes bons amis; je m'informai donc trés exactement de toutes les particularitez de sa mort. Ayant un soir regalé cinq ou six de ses amis, & bû avec eux un peu plus que de raison, il fut attaqué vers la minuit d'un trés violent mal de tête accompagné de fort vives douleurs dans tous ses membres: il monta à sa chambre & se mit au lit, & environ une heure aprés quelqu'un étant allé voir s'il n'auroit point besoin de quelque chose, il fut trouvé roide mort; on le garda seulement deux jours, & puis on l'enterra; pour lors il me revint heureusement en memoire, qu'il m'avoit conté autrefois, qu'étant âgé de dix ou douze ans, il étoit tombé en léthargie dans la maison de ses pere & mere, & qu'il avoit resté trois jours & trois nuits sans donner la moindre marque de vie; je m'en allai donc sans perdre un moment de tems demander la permission de le déterrer, ce que j'obtins facilement. Je voulus me transporter moi-même au Cimetiere, je fis ouvrir la fosse & le cercueil en toute diligence, puis on le porta dans la maison où il fut mis dans un bon lit bien chaud. Je remarquai qu'il n'avoit pas cette grande pâleur que les corps morts ont d'ordinaire, & que même il avoit une espece de petite rougeur au milieu de la joue gauche: il resta plus de six heures sans faire le moindre mouvement, & je voulus toûjours cependant demeurer au chevet de son lit: il fit enfin un trés petit soupir, & sur le champ je lui voulus donner une cuillerée d'une excellente liqueur que j'avois fait apporter exprés, mais ses dents étoient si serrées que je n'en pûs faire entrer une seule goute. Peu aprés il souleva un peu le bras gauche, & je lui remis la cueillere entre les dents que j'entr'ouvris assez pour le faire avaller, & de fait il avalla quelque chose, & ouvrit un moment aprés les yeux, mais sans avoir aucune connoissance: enfin, il revint tout à fait à lui, & aprés m'être fait connoître, & lui avoir conté en peu de mots tout ce qui s'étoit passé, il me témoigna toute la reconnoissance possible du grand service que je venois de lui rendre, & s'étonna fort de ce que son hôte l'avoit fait enterrer si promtement: Il me dit ensuite qu'il avoit un Valet, qui par sa mort prétendue, étoit sans doute resté le maître de quelques bijoux, d'une somme assez considérable d'argent monnoyé & de quelques Marchandises qu'il avoit. Je le fis chercher, mais il ne se trouva point; sans doute que dès le moment qu'il apprit que son Maître pourroit bien n'être pas mort, il avoit trouvé le moyen de s'évader, ou de se cacher si bien, qu'il ne fut pas possible de le découvrir, quelque exacte perquisition ou recherche qu'on pût faire; de cette maniere ce pauvre jeune homme se voyoit dénué de toutes choses, ses habits même ne furent pas trouvez. J'avois heureusement au Cap un homme de ma connoissance, avec qui j'avois autrefois fait quelques affaires; il voulut bien à ma recommandation lui avancer ce dont il avoit besoin: Comme on attendoit au premier jour des Vaisseaux de la Compagnie Orientale qui devoient passer au Cap, pour ensuite s'en retourner en Hollande, nous résolûmes de nous y en aller ensemble. Ils arriverent au bout de trois semaines, & quelques jours aprés nous nous embarquâmes, & par la grace de Dieu nous vinmes heureusement à Amsterdam.

FIN.

APPROBATION.

J'ay lû par l'ordre de Monseigneur le Garde des Sçeaux, la *Relation d'un Voyage du Pole Arctique au Pole Antarctique. A Paris le 31 Août 1722.*

BLANCHARD.

PRIVILEGE DU ROY.

Louis par la grace de Dieu Roi de France & de Navarre: A nos amez & féaux Conseillers les Gens tenans nos Cours de Parlement, Maîtres des Requestes Ordinaires de notre Hôtel, Grand-Conseil, Prevost de Paris, Baillifs, Sénéchaux, leurs Lieutenans Civils & autres nos Justiciers qu'il appartiendra, SALUT. Notre bien-amé Gabriël Amaulry, Libraire à Paris, Nous ayant fait supplier de lui accorder nos Lettres de Permission pour l'impression d'un Livre intitulé, *Relation d'un voyage du Pole Arctique au Pole Antarctique par le centre du monde*; Nous avons permis & permettons par ces Presentes audit Amaulry de faire imprimer ledit Livre en tels volumes, forme, marge, caractere, conjointement ou séparement & autant de fois que bon lui semblera, & de le vendre, faire vendre & débiter par tout notre Royaume pendant le temps de trois années consécutives, à compter du jour de la date desdites Presentes: Faisons défenses à tous Libraires-Imprimeurs & autres personnes, de quelque qualité & condition qu'elles soient d'en introduire d'impression étrangere dans aucun lieu de notre obéissance; à la charge que ces Presentes seront enregistrées tout au long sur le Registre de la Communauté des Libraires & Imprimeurs de Paris, & ce dans trois mois de la date d'icelles; que l'impression de ce Livre sera faite dans notre royaume & non ailleurs, en bon papier & en beaux caracteres, conformement aux Reglemens de la Librairie; & qu'avant que de l'exposer en vente, le manuscrit ou imprimé qui aura servi de copie à l'impression dudit Livre, sera remis dans le même état où l'Approbation y aura été donnée, és mains de notre trés-cher & féal Chevalier Garde des Sceaux de France le sieur Fleuriau d'Armenonville; & qu'il en sera ensuite remis deux Exemplaires dans notre Bibliotheque publique, un dans celle de notre Chasteau du Louvre, & un dans celle de notredit trés-cher & féal Chevalier Garde des Sceaux de France le sieur Fleuriau d'Armenonville, le tout à peine de nullité des presentes, du contenu desquelles vous mandons & enjoignons de faire jouir l'Exposant ou les ayans cause pleinement & paisiblement, sans souffrir que il leur soit fait aucun trouble ou empêchement: Voulons qu'à la copie desd. presentes, qui sera imprimée tout au long au commencement ou à la fin dudit Livre, foy soit ajoutée comme à l'original. Commandons au premier notre Huissier ou Sergent de faire pour l'execution d'icelles tous actes requis & necessaires, sans demander autre permission & nonobstant clameur de Haro Charte Normande & Lettres à ce contraires: Car tel est notre plaisir. Donné à Paris le dit huitiéme jour du mois de Septembre, l'an de grace mil sept cens vingt deux, & de notre Regne, le huitiéme. Par le Roi en son Conseil.

DE S. HILAIRE.

J'ai cedé aux sieurs d'Espilly, Pissot & Horthemels, Libraires à Paris, à chacun un quart au present Privilege, suivant l'accord fait entre nous. A Paris ce ving-huit Septembre 1722.

AMAULRY.

Registré le present Privilege, ensemble la Cession, sur le registre 5me de la Communauté des Libraires & Imprimeurs de Paris, page 223. N°. 348. conformément aux reglemens, & notament à l'Arrest du Conseil du 13 Aoust 1703. A Paris ce 8 Octobre 1722.

BALLARD, Syndic.